AF494961

TABLEAU SYNOPTIQUE
DES ÉLÉMENS
DU
DROIT CIVIL ET COMMERCIAL,
ET DE LA PROCEDURE.

TABLEAU SYNOPTIQUE
DES ÉLÉMENS
DU
DROIT CIVIL ET COMMERCIAL;
ET DE LA PROCEDURE;

PAR M. DUSSON, JURISCONSULTE
ET ANCIEN NOTAIRE.

A PARIS,

CHEZ
L'AUTEUR, RUE DU DRAGON, n° 44;
KLEFFER, LIBRAIRE, RUE D'ENFER, n° 2;
ALEX-GOBELET, LIBRAIRE, RUE SOUFFLOT, n° 4;
NÈVE, LIBRAIRE, AU PALAIS DE JUSTICE.

DÉCEMBRE 1822.

REFLEXIONS

SUR

L'UTILITE DU TABLEAU.

DANS toute science il y a deux choses à distinguer, les principes fondamentaux et les conséquences.

Les principes dérivent essentiellement de la nature des choses qui sont dans le domaine de la science.

Les conséquences sont le partage du raisonnement, et ne s'appliquent aux choses qu'avec l'appui des principes.

Pour concevoir les principes, les connaître et les retenir, il faut nécessairement ou avoir les choses présentes, ou s'en faire l'idée avec le secours de l'imagination, ou avoir sous les yeux les images réelles, ou symboliques, ou de convention.

De quelque manière que l'idée des choses parvienne à l'âme, si ces choses composent un ensemble, un corps de science, il faut qu'elles soient réunies sur un même plan, liées entre elles, que cette liaison soit facile à distinguer. Sans la réunion de toutes ces conditions, si les objets de la science sont épars et disséminés sur divers plans, si, au lieu de liaison, il y a incohérence entre ces objets, ou si la liaison est confuse, il est évident que les idées de ces divers objets seront également vagues, incohérentes ou confusément liées dans l'esprit. Au contraire, avec la réunion de ces conditions, l'esprit saisit et embrasse rapidement tous les objets matériels de la science, les voit dans leur ensemble et dans leurs détails; il saisit avec la même rapidité les principes qui s'y rattachent; la comparaison des choses et des principes lui devient facile; il peut raisonner et déduire des conséquences. Il est évident que, si ces opérations de l'esprit sont renouvelées fréquemment, l'étudiant finit par en être profondément pénétré, et que le tout devient pour lui un système d'exemples dont il pourra faire l'application aux cas semblables et réels qui se présenteront à lui.

La science du droit embrassant les personnes, les choses et les actions, il est visiblement impossible de représenter ces élémens, par leurs images réelles, sur un tableau; quelque grand que fût ce tableau, il serait toujours trop petit. D'une autre part, il est reconnu que l'esprit ne saisit bien les choses et leurs rapports que lorsqu'ils sont réduits à leur plus simple expression. C'est par cette raison que toutes les grandeurs sont, en mathématiques, représentées par des chiffres, par des signes, par les lettres de l'alphabet, à l'aide desquels tout ce que l'univers présente à nos yeux, subit les combinaisons les plus surprenantes; par des lignes courbes et des lignes droites qui, quoique infiniment raccourcies, nous permettent de raisonner sur des choses immenses en étendue. Il était donc aussi indispensable qu'utile de simplifier les images, et d'employer des signes pour représenter les personnes et certaines choses.

PREMIÈRE PARTIE.

EXPLICATION.

Explication préliminaire sur les élémens généraux du droit.

On voit au-dessus du tableau l'image d'un cultivateur tenant, d'une main, un instrument d'agriculture, et de l'autre, des fruits de la terre. La justice commutative ayant principalement pour objet l'échange qui se fait entre les hommes des biens qui leur appartiennent, et de veiller à ce que chacun reçoive l'équivalent de ce qu'il donne; cette image est l'emblême naturel de la justice commutative; car, si l'homme donne ses soins et des semens à la terre, elle lui rend ensuite, non-seulement l'équivalent de ces soins et de ces semens, mais encore un excédent qui représente l'intérêt.

Cette image nous donne aussi l'idée des élémens généraux du droit. L'action de cet homme qui cultive la terre, nous présente d'abord trois choses bien remarquables : l'homme, la terre considérée comme bien, et la disposition que l'homme fait de ce bien. Aussi le législateur a-t-il d'abord divisé notre Code civil en trois parties, qui font chacune la matière d'un livre, dont le premier règle l'état des personnes; le second, celui des biens; et le troisième, la disposition des biens faite par les personnes ou par la loi pour elles.

L'action de cet homme nous présente encore trois choses à remarquer : la cause qui détermine sa volonté d'agir, cette volonté qui détermine l'action, et le moyen dont l'action nécessite l'emploi.

Quant à la cause, elle est double, la cause déterminante et la cause finale. C'est le besoin présent ou futur de cet homme qui est la cause déterminante de son action; c'est l'acquisition d'alimens qui en est la cause finale. Ainsi les fruits qu'il tient donnent l'idée de la cause finale, et réveillent l'idée de la cause déterminante.

Qnant au moyen et à la volonté, l'instrument qu'il tient est le moyen de son action, et l'emploi de ce moyen réveille l'idée de sa volonté.

L'action de cet homme présente enfin ou réveille l'idée de trois circonstances dont les deux premières sont inséparables, celle de lieu, celle de temps et celle de fait.

De plus, l'homme, la chose, l'action même sont susceptibles d'être et sont souvent considérés sous le rapport numérique.

Enfin chacune des choses dont on vient de parler, constitutives ou accessoires d'une action, et cette action considérée nuement et en elle-même, sont, sous le rapport du droit, revêtues de capacité absolue ou relative ou frappées d'incapacité absolue ou relative (ces mots *capacité* ou *incapacité* sont ici généralisés et pris dans l'acception la plus étendue). Cette capacité ou incapacité légale n'est qu'une imitation de la capacité ou de l'incapacité physique ou morale; absolue, elle résulte ordinairement de la nature de la chose à laquelle elle s'applique; relative, elle résulte ordinairement de la qualité de la chose.

Le tableau offre la réunion ou réveille l'idée de tous ces élémens généraux : on peut y asseoir, y fixer toutes ses pensées.

CHAPITRE PREMIER.

Des Personnes.

Les divers points qui sont sur le tableau représentent des personnes ou en indiquent la place. Ceux qui sont accompagnés d'une lettre de l'alphabet, prennent le nom de cette lettre. Ainsi, la personne ou le point qui est contre la lettre A, s'appellera A, et ainsi des autres. On aura donc d'abord 25 personnes représentées et nommées simplement, entre lesquelles on peut supposer toutes sortes de rapports. Ce système, quant aux personnes, remplace très-avantageusement toutes les suppositions de personnes et de noms que font les auteurs et les professeurs, et qui sont tellement vagues qu'elles se réduisent à un mot aussitôt oublié que vu ou entendu.

Quant aux rapports, le tableau les indique par des lignes. Il y a des lignes qui vont directement d'un point à un autre, telles que celles qui vont de A à V, à B, à C, à D, à E. Il y en a aussi qui ne s'unissent que par le moyen de la double ligne horizontale à laquelle elles aboutissent, telles que celles de A à F et autres lettres suivantes. On conçoit que les lignes directes ne sont pas l'image des rapports directs, quoiqu'elles puissent le devenir par l'effet de la supposition; et que les liaisons indirectes ne sont pas l'image des rapports indirects; qu'il ne faut considérer les lignes directes ou angulaires que comme indicatives des rapports, quelque soit la nature de ces rapports.

Indépendamment des points nommés simplement, il y en a qui le sont par la combinaison de deux lettres, et d'autres qui n'ont pas d'autre nom que celui de la qualité qu'on leur prête. Par exemple : le point qui est sur la ligne A V près de V, s'appellera A-V. Celui qui est sur la ligne ER, l'autre sur la ligne F Q, près de la ligne double, s'appelleront E-R, F-Q, et ainsi des autres

Ceux qui n'ont pas d'autre nom que leur qualité sont 1°. ceux placés sur la ligne H O près de O, et qui représentent cinq générations successives dans la descendance de O; 2°. six points placés à l'angle nord-ouest du plan, dont deux placés en-deçà d'une rivière, représentent un Français et un étranger contractant en France, et les quatre autres placés au-delà de la rivière représentent le Français et l'étranger en pays étranger, le magistrat étranger et le représentant du gouvernement français; 3°. ceux placés à l'angle sud-ouest du plan dont quatre réunis dans un pays d'outre-mer et étranger, ont la même signification que les quatre de l'angle nord-ouest, et trois séparés des premiers par une ligne, représentent deux Français ou un Français et un étranger, et le magistrat, dans un pays d'outre-mer dépendant de la France; 4°. tous ceux que l'on voit dans la colonne formée par les lignes E R et F Q, dont nous indiquerons ci-après la destination, 5°. tous ceux disposés de la même manière et formant colonne entre la ligne horizontale et les lettres V U T S-R; 6°. trois points placés entre les points E et F, et à qui on peut néanmoins donner le nom commun de E-F. Nous donnerons en parlant du droit commercial l'explication des points V-U. V-T. V-S. A-V. A-C. A-D, et de celui qu'on remarque sur le bord de la mer; et dans la deuxième section du présent chapitre, de tous les autres points.

Les personnes sont principalement considérées ou comme parties dans les contrats et contestations, ou comme concourant à rendre, rendant ou faisant rendre la justice par la volonté des parties ou l'autorité de la loi.

SECTION PREMIÈRE

Des personnes considérées comme parties.

La loi les considère sous deux aspects, celui de la parenté ou l'alliance, non parenté ou alliance, de la domesticité, et celui de leur capacité civile.

§. Ier.

Parenté ou alliance, ou non.

Le Tableau nous présente une suite généalogique directe et latérale, qui remplace toutes celles que l'on présente sous diverses formes dans les ouvrages de droit, et qui se grave d'autant mieux dans l'esprit qu'elle est unique et invariable.

Nous supposons que Z qui est au centre du Tableau est l'auteur des deux personnes dont on voit l'image hors du Tableau au-dessus et au-dessous.

Que la figure du dessus est l'auteur de L et de X; que celle du dessous est l'auteur de K et de Y.

Que X et Y, mari et femme, ont engendré A-V. et F-Q; que K et L, mari et femme, ont engendré J M et E-R.

Que F-Q a engendré F et Q; que E-R a engendré E et R.

Que A et E, mari et femme, sont les auteurs de B. C. D.; que V et R sont ceux de U. T. S.; que M et Q, mari et femme, sont ceux de N. O. P.; que J et F sont ceux de G. H. I.

Que F, devenu veuf de J, et E, devenue veuve de A, ont engendré les trois enfans E-F.

Enfin, que B et U, mari et femme, ont engendré B-U représenté par un point près de B sur la ligne B U, et que O a eu après lui cinq générations représentées par les cinq points placés près de O sur la ligne H O.

Cette suite généalogique donne tout à la fois les exemples de parenté et d'alliance. Les personnes qui n'y sont pas comprises ne sont ni parens ni alliés; A-D est serviteur de A.

On doit remarquer que les traits qui unissent les membres de cette famille sont l'image sensible des liens moraux existant entre ces membres.

§. II

Capacité civile.

Nous supposons que A est *sui juris,* et jouit du plein exercice de ses droits civils; que B, majeur, a été successivement assisté d'un conseil judicaire, interdit, déclaré indigne, et mort civilement; que C est mineur émancipé; que D est mineur non émancipé, que E est femme de A et sous la puissance maritale.

SECTION DEUXIÈME.

Des personnes considérées comme agens ou auxiliaires de la justice.

Elles sont représentées sur quatre colonnes, dont une entre les lignes E-R, F Q, également distante de ces deux lignes, une autre près de la ligne E-R. La troisième semblable à la première, entre la ligne horizontale et les lettres V U T S R. La quatrième semblable à la deuxième entre la troisième et la ligne horizontale.

Première colonne.

La loi est représentée par le triangle placé entre les lettres S. P. et les personnes qui la font exécuter, l'exécutent ou concourrent à son exécution, sont représentées dans leur ordre hiérarchique, savoir:

Le Roi par l'ovale qui est au-dessous de la loi.

Le ministre de la justice par le point noir au-dessous du Roi.

La cour de cassation par le triangle au-dessous du ministre. Deux points sous ce triangle représentent les avocats adverses, deux autres points à gauche représentent le procureur général et son substitut. Le point central, le greffier.

La cour royale, par la figure au-dessous de la double ligne horizontale. L'angle supérieur est la cour. Les deux points à gauche sont le procureur et l'avocat général. L'angle inférieur représente, savoir : les deux extrémités, les deux avoués adverses; le sommet de l'angle, l'huissier qui est l'intermédiaire entre les avoués et les parties. Le point central est le greffier. Les deux points entre les extrémités des angles sont les deux avocats adverses.

Le tribunal civil et celui de commerce, par deux figures parallèles au-dessous de la cour royale, dont une, le tribunal civil, est semblable à celle de la cour d'après les mêmes motifs, et l'autre à droite, le tribunal de commerce, n'a ni ministère public, ni avocats, ni avoués, les parties tenant la place des avoués.

La justice de paix, par trois angles représentant chacun, le juge, son greffier et l'huissier; l'angle du milieu est le juge de paix proprement dit; celui à droite est le bureau de conciliation, celui à gauche indique le juge procédant à des délibérations et autres opérations non contentieuses.

Le tribunal arbitral, par le triangle au-dessous de la justice de paix.

Les experts, par un semblable triangle au-dessous du tribunal arbitral.

Le notaire, par un point au-dessous des experts.

Les témoins, par deux points au-dessous du notaire.

Seconde colonne.

Les points de cette colonne, en commençant par le bas représentent, savoir : le premier, le receveur de l'enregistrement; le second, le conservateur des hypothèques; le troisième, le receveur des consignations; les deux points contigus, le maire et l'adjoint; le point après le sous-préfet; lss deux points contigus après, le préfet à gauche, le conseil de préfecture à droite; le rond plus haut à droite de la ligne; le conseil d'état; enfin le point plus haut sur la ligne, le ministre de l'intérieur.

Troisième et quatrième colonnes.

Elles ont la même signification que la première et la seconde.

CHAPITRE II.

Des biens.

Les espaces que l'on voit autour des quatre carrés représentent des voies et propriétés publiques. Les deux lignes parallèles communiquant du fleuve ou rivière qu'on voit à l'angle nord - ouest, au fleuve qui se décharge dans la mer à l'angle sud - ouest, représentent un canal de navigation; le fleuve à l'angle nord-ouest est la limite entre le territoire français et un territoire étranger qui est celui formé par l'angle et ce fleuve.

L'angle sud-ouest représente 1o. un port près du point; 2o. l'embouchure d'une rivière; 3o. au-delà de cette embouchure est une concavité littorale ou rade; 4o. la mer; 5o. un pays d'outre-mer divisé en deux parties dont l'une, où sont quatre points, est partie étrangère, et l'autre, où sont trois points, est partie française.

Le carré formé par la ligne horizontale et les lignes A E représente 1o en partie un fleuve où est une île; 2o une rivière navigable ou flottable se déchargeant dans le fleuve au-dessous de l'île; 3o. une rivière non navigable ni flottable se jetant dans le fleuve au-dessous de la rivière navigable; 4o. un petit cours d'eau ou bief se jetant dans la rivière non navigable.

Les endroits où sont placées des autorités judiciaires ou administratives représentent ou réveillent l'idée des édifices publics.

Les quatre petits carrés qui sont entre les lignes A-V, B-U, près de U; les quatre autres qui sont entre les lignes E-R, D-S, près de S; et tous ceux compris dans le grand carré formé par la ligne horizontale et les lignes A et E, représentent des propriétés privées dont la désignation est nécessaire. Nous donnerons cette désignation par colonnes et par cases. Les colonnes sont indiquées par les lettres, les cases par les numéros placés près de la ligne E R.

La première case de la colonne A V - B U, représente un bois taillis en coupe réglée par dix ans. La coupe s'est fait de l'est à l'ouest; un arbre élevé au-dessus de la dernière coupe représente les baliveaux.

La seconde case représente à droite une mine, à gauche une carrière; entre les deux, une source de laquelle part un ruisseau.

La troisième case représente une terre labourable en repos et que l'on va ensemencer; on y voit une charrue avec son attelage, et un sac de semences.

La quatrième, une terre en blé.

La cinquième, un jardin dans lequel est un rucher.

En-deçà de ce jardin sont deux cours, dans l'angle-est de la cour à droite et triangulaire est un colombier.

En-deçà de ces cours sont deux bâtimens, un plus élevé que l'autre, servant à l'habitation, et l'autre moins élevé servant à l'exploitation.

Au-devant de ces bâtimens est une grande cour, au milieu de laquelle est un puits; à gauche du puits sont un tas de fumier et une matte de paille; au bout de la cour, près de A, est un réservoir d'eau pour le bétail. On remarque une ligne ponctuée qui indique un tuyau souterrain conduisant les eaux du toit dans le réservoir.

La première case de la colonne B U-C T représente un bois futaie.

La seconde case représente un pasquier où sont une vache et son veau.

La troisième case représente un pré que traverse le ruisseau venant de la source, et la partie d'un étang alimenté par le ruisseau; dans ce pré est une jument et son poulain.

La quatrième case représente une vigne.

L'espace triangulaire qui est dans la cinquième case, en-deçà de la vigne, est une pépinière.

La première case de la troisième colonne CT-DS, représente un moulin à vent.

La seconde représente un moulin à eau avec la chaussée de l'étang.

La troisième, un terrain où sont des moutons.

La quatrième et toutes les cases de la quatrième colonne représentent des fonds de terre, quelqu'en soit la nature; il en est de même des quarrés qui sont près de U et près de S, des petits carrés qu'on remarque près de B, de C, de D.

L'enceinte formée par les lettres et les lignes A B C D E représente l'intérieur personnel et mobilier du domicile de A; les petits traits qui sont près de A sur la ligne A E sont ses livres de commerce (voyez la partie commerciale);

les deux petits ronds que l'on voit dans l'enceinte sur le prolongement de la colonne A B représentent le mobilier provenant de A lors et durant son mariage avec E; les deux traits courbes qui les surmontent représentent les charges de ce mobilier et des immeubles de A; les signes semblables que l'on voit dans l'enceinte sur le prolongement de la colonne D E ont la même signification par rapport à E; les signes semblables au milieu de l'enceinte représentent le mobilier acquis durant le mariage, et les charges tant de ce mobilier que des immeubles aussi acquis durant le mariage. Une chaise et une table sur laquelle sont des espèces et un écrit, font partie de ce mobilier; le petit carré près de chacune des lettres B C D et le trait au-dessous de chacune de ces lettres représentent le pécule immobilier et mobilier de B. C. D.

Tous les fonds compris dans la première colonne représentent des propres de A; ceux près de U représentent des fonds sur lesquels A a eu des droits qu'il a aliénés durant le mariage par échange, vente, licitation ou autrement. Tous ceux compris dans la quatrième colonne représentent les propres de E; ceux près de S sont ceux sur lesquels E a eu des droits qu'elle a aliénés durant le mariage, par échange, vente, licitation ou autrement. Tous ceux compris dans la seconde et la troisième colonnes ont été acquis par A durant son mariage.

CHAPITRE III.

Des circonstances de lieu, de temps et de nombre.

SECTION PREMIÈRE.

Du lieu.

Il est évident que chaque partie du Tableau, où se trouve placée une personne ou une chose, est le lieu qui forme une des circonstances inséparables. Ce lieu, quant aux personnes, représente le domicile, et quant aux choses, indique leur situation.

Nous supposons que la partie du plan qui est au-dessous de la ligne horizontale est tout à la fois une commune, un chef-lieu de canton, d'arrondissement, de département, et le siége d'une cour royale; que la partie supérieure est une autre commune pareillement chef-lieu de canton d'arrondissement, de département, siége d'une cour royale, et en outre chef-lieu de l'état. Quand, dans l'application, on opérera sur X et Y considérés comme mari et femme, ou sur L et K, considérés sous le même rapport, on attribuera à volonté leur domicile à l'une ou à l'autre de ces deux divisions territoriales que l'on peut appeler, celle du dessus, division du nord, et celle du dessous, division du sud.

On a vu, au chapitre 1er, les lieux qui sont considérés comme pays étrangers.

La position astronomique des lieux, quand on veut les désigner par leurs joignans et aboutissans, se reconnaît par l'indication des quatre points cardinaux que l'on remarque dans le cadre du Tableau. La division-sud présente deux carrés ou deux sections qu'on appellera section A et section F. La section A présente autant de climats que de colonnes, c'est-à-dire quatre. Chaque article de propriété s'indique par son n° d'ordre.

SECTION DEUXIÈME.

Du temps.

Le temps est indiqué sur le Tableau par l'échelle graduée qui en forme le cadre. Chaque trait représente un jour. Ces traits sont réunis par mois; les mois sont disposés dans leur ordre naturel et astronomique, et divisent la totalité du cadre en quatre parties correspondant aux saisons.

On peut calculer, sur cette échelle, tous les délais, en partant d'un jour donné.

A l'égard de la chronologie par années, on peut recourir à la table numérique dont il va être parlé.

SECTION TROISIÈME.

Des quantités et quotités.

On doit remarquer, entre les lettres Q P O N M d'une part, et les lettres F G H L I d'autre part, une table de chiffres. Ces chiffres, dans chaque colonne, commencent par l'unité au bas et finissent à la neuvième case, en remontant, par le chiffre 9. Les chiffres au-dessus de la ligne horizontale se distinguent à l'œil, entre eux, par le 8 qui est saillant, et à l'égard de ceux du dessous, par cette ligne qui est double. Ceux du dessous se distinguent de ceux du dessus par la même ligne double, et entre eux, par le 3 qui est saillant.

La première colonne est à droite et représente les unités, la seconde en allant de droite à gauche représente les dixaines d'unités, et conséquemment le premier chiffre de cette seconde colonne vaut 10, le second 20, le troisième 30; et ainsi de suite. La troisième colonne représente les centaines d'unités, ainsi le premier vaut 100, le deuxième 200, et ainsi de suite. La quatrième colonne représente les mille, la cinquième les dixaines de mille, la sixième les centaines de mille, la septième les millions, et la huitième les dixaines de millions.

Ensorte que l'on peut, avec cette table, énoncer toutes sortes de nombres jusqu'à 100,000,000. On peut les retenir dans la mémoire en remarquant les cases où sont les chiffres qui expriment ces nombres. Par exemple, pour 6000, il suffit de remarquer le sixième chiffre de la quatrième colonne; pour 6600, de remarquer le même chiffre des quatrième et troisième colonnes.

Ces cases se retiendront facilement, 1°. de bas en haut par les chiffres saillans et la double ligne; 2°. de droite à gauche si on fait attention que les unités et les dixaines d'unités sont entre les lignes J et I, les centaines et les mille entre les lignes I et H, les dixaines et les centaines de mille entre les lignes H et G, enfin les millions et dixaines de millions entre les lignes G et F.

Il est clair que cette table peut servir pour la chronologie et les articles des divers codes, comme pour les sommes et les mesures.

A l'égard de la manière d'établir un rapport mnémonique entre les choses et les nombres qui les concernent, et *vice versâ*, il suffit d'examiner d'abord la chose et ensuite le nombre. Cette seule opération de l'œil, surtout si elle se répète, établit et fortifie tellement le rapport, que lorsqu'on jette ensuite les yeux sur la chose, on se reporte à l'instant au nombre, et que lorsque l'œil se fixe d'abord sur le nombre, ce nombre renvoie de suite à la chose. Par exemple, toutes les fois qu'on jettera les yeux sur l'étranger et le Français, on se rappellera de suite que le Français jouit des droits civils et on se reportera en même temps sur le 8 de la première colonne; de même le 8 renverra à l'instant aux ponits qui représentent le Français et l'étranger ; ainsi des autres. Cette étude n'est pas sans utilité.

Relativement aux quotités, on peut considérer la table comme un tout divisé en soixante-douze parties. Chacune de ces parties est une quote-part du tout. La table présente aussi toutes les fractions inférieures à un soixante-douzième, depuis moitié et tiers, puisque, de droite à gauche, elle est divisée en nombres pairs, et que, de bas en haut, elle l'est en nombres impairs. On aura des fractions plus petites que le soixante-douzième, si on suppose chaque soixante-douzième divisée en nombre pair ou impair selon le besoin ; la division n'existe alors que dans l'entendement, mais elle part toujours d'un point déterminé. On peut aussi, si la table entière ne présente pas les fractions désirées et que l'on voudrait retenir, prendre pour le tout une partie quelconque de la table, qui se prêterait mieux à l'opération.

DEUXIÈME PARTIE.

Application.

Cette application doit être faite, aux personnes, aux choses, aux actions civiles et commerciales, à la procédure, et à la rédaction des actes.

Il est reconnu que, pour bien connaître un tout, il faut opérer sur ce tout par voie d'analyse et de synthèse, ou, en d'autres termes, de décomposition et de composition.

A l'égard des personnes, la science du droit est celle des facultés civiles de l'homme. Ces facultés sont un tout qui lui appartient, qui est inhérent à sa personne, qui réside en lui.

L'analyse de ces facultés consiste dans l'examen détaillé des diverses choses qui sont hors de l'homme, mais qui dépendent de lui et sont sujettes à l'exercice de ces mêmes facultés. La synthèse consiste a rapporter cet exercice au même individu considéré comme principe commun et agent.

A l'égard des choses, il convient aussi de s'attacher au même objet, de l'examiner dans toutes ses parties, sous tous ses rapports, parce que ce que cet objet a de commun avec d'autres sert de terme de comparaison ; il ne faut étudier les autres objets qu'en ce qu'ils ont de différent.

Il en est de même des actions ou faits, il faut autant qu'il est possible choisir une action principale pour terme de comparaison; soumettre cette action à toutes les modifications, toutes les nuances dont elle est susceptible, et y rapporter tous les principes applicables.

Il faut en un mot, pour les personnes, les choses, les actions, leurs accessoires et circonstances, se créer un petit nombre de termes habituels de comparaison; c'est le moyen de simplifier l'étude et de se pénétrer profondément des principes.

C'est d'après ces règles en harmonie avec les lois de l'entendement, et qui ont évidemment servi de guides au législateur, que l'on indiquera ci-après des exemples d'application.

CHAPITRE PREMIER

Application aux personnes.

A. B. C. D. E seront les personnes simulées à qui nous appliquerons la majeure partie des lois.

Ainsi, on appliquera à A, fils de X et Y, tout ce qui est relatif à la naissance, au mariage, au décès, sous le titre des actes de l'état civil; de plus, tout ce qui est relatif au domicile et à l'absence.

à A et à E, tout ce qui est relatif au mariage civil, aux droits et devoirs respectifs des époux.

A eux et à leurs enfans B. C. D, tout ce qui est relatif à la paternité et filiation, à l'administration et à la tutelle légale.

à B, particulièrement, ce qui est relatif à l'enfant incestueux ou adultérin, à l'enfant naturel reconnu ou non, légitimé ou non, au conseil judiciaire, à l'interdiction, à l'indignité, à la mort civile, en le supposant successivement dans tous les cas de cette application.

à C, ce qui est relatif à l'émancipation, à l'adoption et à la tutelle officieuse, en supposant, par exemple, que M ou Q sont les adoptans ou tuteurs officieux.

à D, tout se qui est relatif à la minorité et à la tutelle.

à E, tout ce qui est relatif à la femme sous la puissance maritale.

CHAPITRE II.

Application aux biens.

Cette application doit se faire et à la nature des biens, et aux droits que l'on peut avoir sur les biens selon leur nature.

SECTION PREMIÈRE.

A la nature des biens.

On appliquera, 1°. la qualité d'immeubles par leur nature à tous les fonds de terre que l'on voit dans le carré section A, ainsi qu'aux bâtimens, moulin à eau, moulin à vent.

2°. Celle d'immeubles par accession aux arbres du bois taillis, du bois futaie, du jardin, de la pépinière, non coupés ni arrachés, au blé et à l'herbe non coupés, aux fruits de la vigne et des arbres du jardin non détachés, au chenal qui reçoit les eaux du toit du bâtiment et sert à leur descente, au tuyau souterrain qui conduit ces eaux dans le réservoir.

3°. Celle d'immeubles par destination, 1°. aux bœufs, charrue et sac de semences que l'on voit dans la terre labourable en repos, et livrés par le propriétaire A à son fermier ou colon partiaire C; 2°. aux pigeons fuyards du colombier; 3°. aux ruches placées dans le jardin; 4°. aux poissons de l'étang; 5°. aux pressoirs, cuves et tonnes que l'on suppose exister dans le bâtiment d'exploitation; 6°. aux ustensiles du moulin à vent et du moulin à eau; 7°. aux tas de fumier et matte de paille existant dans la grande cour.

4°. Celle d'immeubles par l'objet auquel ils s'appliquent; 1°. au droit d'usufruit que l'on suppose appartenir à E après la mort de A, et particulièrement de la terre qu'on laboure; 2°. au droit de passage qui appartenait à A, sur la terre labourable en repos, avant qu'il en eût fait l'acquisition de V; 3°. à l'action en revendication de R, femme de V, qui était propriétaire de ce fonds vendu sans sa participation par son mari.

5°. Celle des biens-meubles par leur nature, 1°. au siége, à la table, que l'on voit dans le domicile de A, aux deniers comptant qui sont sur cette table

2°. au bétail tels que la jument et son poulain, la vache et son veau, les moutons; 3°. aux bœufs, à la charrue, aux semences, quoi qu'ils soient devenus immeubles par la destination; 4°. au navire que l'on voit sur la mer, aux marchandises que l'on voit sur le port.

6°. Celle de biens-meubles par séparation, 1°. aux produits extraits ou séparés de la mine, de la carrière, du bois taillis, du bois futaie, de la pépinière, de la terre en blé, de la vigne, du pré; 2°. aux poissons qui ne sont plus dans l'étang, au produit des ruches.

7°. Enfin celle de biens-meubles par la détermination de la loi, à toutes les actions ou obligations ayant pour objet des choses mobilières, et dont il sera parlé au chapitre des actions; on peut prendre pour exemple la créance de V sur A, pour le prix de l'immeuble vendu. Ce prix consiste dans des deniers comptans qui sont meubles par leur nature, la créance est meuble par la détermination de la loi; mais néanmoins, la loi à l'égard des mineurs émancipés et des époux, distingue les capitaux en mobiliers et immobiliers, par rapport à leur origine, pour en régler l'emploi ou le remploi.

SECTION DEUXIÈME.

Aux droits que l'on peut avoir sur les biens selon leur nature.

D'après l'article 543 du code civil, on peut avoir sur les biens ou un droit de propriété, ou un simple droit de jouissance, ou seulement des services fonciers à prétendre.

Quant à la propriété, appliquez à A et aux biens compris dans les trois premières colonnes tout ce qui est dit sur le droit de propriété à l'égard des biens meubles et immeubles. Les immeubles et les rivières fournissent les exemples du droit d'accession par incorporation; quant au même droit concernant les choses mobilières, on peut prendre pour exemple la charrue ou le navire composés de plusieurs substances que l'on supposera appartenir à diverses personnes.

Quant à l'usufruit, l'usage et l'habitation, appliquez à E, devenue veuve de A, en supposant qu'il n'y avait pas de communauté entre eux ou qu'elle y a renoncé, tout ce qui est dit de l'usufruit, de l'usage et de l'habitation, relativement aux b

Quant aux services fonciers, appliquez à la source et au cours d'eau les articles 640, 641, 642, 643, 644 et 645 du Code civil; à la terre de R et à la vigne de A l'article 646; à la vigne de A l'article 647.

Appliquez aux bâtimens haut et bas et au mur qui sépare les deux cours de derrière, le tout considéré comme appartenant séparément à deux propriétaires, (A et V), tout ce qui est relatif au mur mitoyen.

Nota. On peut supposer la grande cour commune entre les deux propriétaires ainsi que le puits.

Appliquez à la terre de R et à la vigne de A tout ce qui est relatif aux fossés, haies et plantations.

Appliquez aux deux bâtimens tout ce qui est relatif aux rues et à l'égoût.

Appliquez à la vigne de A, qui est enclavée et n'est séparée de la voie publique que par la terre de R, ce qui est relatif au passage.

Appliquez, pour la servitude continue et apparente, les ouvrages dont parle l'art. 642 relativement à la source; pour la servitude continue non apparente le droit dont est privé A, propriétaire du bâtiment bas, de l'élever plus haut; pour la servitude discontinue apparente le droit de passage appartenant à A par la terre de R, pour l'exploitation des mine et carrière et du bois taillis.

CHAPITRE III.

Applications aux actions civiles.

Elles comprennent tous les modes d'acquérir ou de transmettre la propriété, ou par la seule force de la loi qui supplée à la volonté présumée des personnes, ou par la volonté exprimée des personnes à titre de libéralité, ou par des conventions entre les personnes, ou par des faits desquels résultent des droits et des obligations.

SECTION PREMIÈRE.

Par la force de la loi.

Successions ouvertes *ab intestat.* La mort de A donne l'exemple des successions déférées à la ligne directe descendante. B. C. D. ses enfans donnent celui de la division par tête; B-U donne celui de la représentation, et du par-

tage par souche. On peut encore prendre pour exemple la succession de X ou de Y, laissant des enfans, petits-enfans, et arrière-petits-enfans.

Pour la succession déférée aux père et mère, à des frères ou sœurs, ou descendans d'eux, on peut supposer la mort de C, laissant ses père et mère ou l'un d'eux, son frère D et l'enfant de son frère B supposé prédécédé. La même supposition de la mort de C, décédé après ses père et mère, sert d'exemple pour les successions déférées seulement aux frères et sœurs ou descendans d'eux.

Pour semblables successions s'il y a des frères ou sœurs germains, consanguins ou utérins, ou tous à la fois, on peut supposer la mort de l'un des trois enfans de E et F, de leur second mariage.

Pour la succession déférée aux ascendans, et aux collatéraux autres que des frères et sœurs ou descendans d'eux, on peut supposer la mort de B-U, sans postérité, et épuiser pour la dévolution de sa succession dans les deux lignes, toutes les suppositions jusqu'à la cinquième génération de O, qui est parent collatéral de B-U dans les deux lignes.

COMMUNAUTÉ. On pourrait parler dans cette section, de la communauté qui existe entre époux par la seule force de la loi quand il n'y a pas de contrat de mariage; néanmoins, pour ne pas intervertir l'ordre adopté par le législateur, cette partie sera traitée à la place qu'elle occupe dans le Code.

SECTION DEUXIÈME.

Par la volonté de l'homme à titre de libéralité.

Ce sont les donations entre-vifs et testamentaires. On peut appliquer le titre DES DONATIONS ENTRE-VIFS, 1°. au don que, dans le contrat de mariage de A avec E, X et Y ses père et mère lui font du bâtiment d'exploitation, avec la condition de ne pas l'élever plus haut (on suppose qu'il avait donné l'autre à V); 2°. au don qu'ils lui font d'une rente ou pension annuelle de 600 francs, remboursable par un capital de 12,000 francs; 3°. au don que A et E font à leur fils B en le mariant avec U, et à celui que lui fait C son frère, d'une portion de leurs immeubles avec substitution au profit des enfans. On peut supposer que des parens ou amis de l'un ou de l'autre des époux, interviennent dans ces contrats et font des donations de biens présens et à venir; que les époux se donnent aussi entre-vifs ou à cause de mort, ce qu'ils peuvent se donner. Le second mariage de E et de F sert pour l'application de tout ce qui est relatif aux seconds mariages.

Le titre DES TESTAMENS, à la disposition que A fait de ses biens pour le temps où il n'existera plus, et par laquelle il donne à son domestique la vache (legs particulier); à son fils B, sa portion légitimaire (legs à titre universel); institue C et D conjointement ses héritiers universels, et nomme E sa femme exécuteur testamentaire.

SECTION TROISIÈME.

Par les conventions et les faits.

ON peut faire les applications suivantes:

MARIAGE. A et E, en se mariant, se sont expliqués sur leur société conjugale, ou ont gardé le silence. Au premier cas, leur volonté exprimée doit être suivie dans la liquidation de leurs droits respectifs; au second cas, la loi règle pour eux comme il suit:

Tous les immeubles composant la première colonne restent propres au mari à cause de leur origine, parce que cette origine est celle déterminée par les articles 1404 et suivans du Code. Tous ceux composant la quatrième colonne, restent propres à la femme, aussi à cause de leur origine; il en est de même à l'égard du mari et de la femme, des fruits non coupés, détachés ou extraits, existans dans leurs propres respectifs au jour de la dissolution de la communauté, et des fruits civils qu'ils produisent à compter du même jour.

Les immeubles composant les deux colonnes intermédiaires, excepté le pécule immobilier de B. C. D., appartiennent à la communauté, parce qu'ils ont été acquis durant la communauté, ainsi que le mobilier existant ou représenté dans l'enceinte A B C D E, à l'exception du pécule mobilier de B. C. D.; chacun des époux a droit pour moitié sur tous ces objets, et doit supporter les charges aussi par moitié.

Mais A et E ont pu déroger à cette disposition de la loi. Ces dérogations consistent sommairement, 1°. à abandonner à la communauté la propriété de la totalité ou de partie seulement des immeubles qui ne lui appartiennent pas d'après la loi; 2°. à priver la communauté de la propriété de la totalité ou de partie seulement du mobilier qui lui appartiendrait d'après la loi; 3°. à donner à la femme le droit, en renonçant à la communauté, de reprendre le mobilier qui y est entré de son chef; 4°. à établir un partage inégal en attribuant à l'un un préciput ou une quote-part plus forte que la moitié; 5°. à exclure même toute communauté, cas auquel le mari a tous les acquêts, et la jouissance des propres de la femme; à ôter en ce cas au mari la jouissance des propres de la femme (séparation de biens); 6°. à ne donner au mari que la jouissance de certains biens de la femme, par la soumission au régime dotal et la constitution de dot, cas auquel ces biens sont inaliénables; et les autres. paraphernaux; 7°. enfin à accorder à la femme, même sous le régime dotal, une part dans les acquêts.

On a expliqué dans la désignation des biens, ceux sur lesquels le mari ou la femme avaient des droits de propriété, ou d'usufruit ou de servitude, qu'ils ont aliénés; ces biens serviront d'exemples pour les indemnités et les remplois.

Au moyen de ces observations, il est facile de faire l'application de tout ce qui est dit au titre du mariage, en supposant successivement, entre A et E, toutes les nuances de conventions, et en raisonnant d'après ces suppositions.

Vente. V. vend à A le bâtiment haut qui lui appartient, comme l'ayant reçu de ses père et mère, et la terre en repos sur laquelle R prétend avoir un droit de propriété exclusif. Le prix est de 12,000 francs, que A promet payer. Appliquez à l'obligation de V de livrer les immeubles, et à celle de A de payer le prix, tout ce qui y a rapport dans les principes généraux du Code et au titre de la vente.

A. de son côté, vend à V, divers objets de consommation provenant de son domaine, tels que du blé, du vin, du bois, de la farine. Appliquez tout ce qui est dit au titre des obligations, sur l'obligation de donner des choses mobilières.

A V et F-Q recueillent la succession de leur mère Y. F-Q vend ses droits héréditaires à V et A. Cette succession comprend, 1°. la terre où est le blé, 2°. le bois-taillis, 3°. un des fonds près de U. A et V ne jugent pas convenable de partager le bois-taillis, ils le licitent et A en devient acquéreur. Appliquez ce qui est dit au titre de la vente et des successions sur les licitations (voyez pour les deux autres fonds au mot *Echange* ci-après).

F-Q a cédé ses droits héréditaires à V et à A; V, créancier de A pour le prix de la vente dont on a parlé, cède sa créance à T; R, qui croit avoir le droit de revendiquer le fonds vendu par son mari, cède son action à T. Appliquez ce qui est dit au titre de la vente sur les droits incorporels.

Echange. A et V forment deux lots (voyez au mot *vente*) des deux fonds indivis entre eux, le fonds près de U échoit à A, l'autre échoit à V, ils font ensuite l'échange. Appliquez le titre de l'échange.

Louage. C. se rend locataire de la maison et du jardin de A, moyennant un prix convenu. Appliquez ce qui est dit sur les baux à loyer.

C. se rend aussi fermier moyennant un prix déterminé, soit en argent, soit en nature, de tous les biens-immeubles de A, autres que le bâtiment pris à loyer. Appliquez tout ce qui est dit sur les baux à ferme. A lui donne à cheptel et pour la culture les deux bœufs à la charrue. Appliquez les règles sur le cheptel de fer.

A l'expiration de son bail à ferme, C se rend simple colon partiaire. Appliquez tout ce qui concerne le colon partiaire au titre du louage et ailleurs; il conserve les deux bœufs à titre de cheptel. Appliquez ce qui est dit sur le cheptel donné au colon partiaire.

Il prend à cheptel simple les abeilles, et à cheptel à moitié les moutons. Appliquez les principes sur ces deux espèces de cheptel.

Enfin il prend à commande la vache (art. 1831 du code civil).

A a un domestique A-D, qui a contracté l'obligation de *faire* ce qu'il lui commandera (articles 1101, 1780 et 1781).

A fait reconstruire et réparer sa maison, F se charge de cet ouvrage; c'est encore une obligation de *faire*. Appliquez les principes généraux sur cette espèce d'obligation, et les articles 1787 et suivans.

Société. C s'associe B dans son fermage. Appliquez les principes communs sur la société, et ceux sur la société particulière. B et C mettent en commun leurs biens-meubles et immeubles indiqués sur le plan sous la dénomination de *pécule*. Appliquez les principes sur la société universelle.

Prêt. A prête son cheval à C (*voyez* sur le plan) pour des opérations de culture. Appliquez les principes du commodat.

Il lui prête aussi des grains pour semer. Appliquez les principes du prêt de consommation.

Enfin, il lui prête de l'argent à intérêt pour ses avances d'exploitation. Appliquez ce qui est dit sur le prêt à intérêt.

Dépôt et séquestre. A dépose chez le notaire une somme d'argent. Appliquez ce qui est dit sur le dépôt volontaire.

A allant chez V loge chez A-V, aubergiste, et y dépose ses effets. Appliquez ce qui est dit sur le dépôt nécessaire.

A et R sont en contestation sur la propriété de la terre vendue par V à A; les contestans conviennent ou bien la justice ordonne que S gardera et administrera ce bien durant la contestation. Appliquez ce qui est dit sur le séquestre conventionnel ou judiciaire.

Contrats aléatoires. *Voyez*, pour l'assurance et la grosse, les exemples donnés dans le chapitre IV, section 2.

E-R, en mariant sa fille E avec A, lui constitue une rente viagère de 1,200 francs, rachetable par un capital de 12,000 francs. Appliquez ce qui est dit sur la rente viagère.

Mandat. A, devenu marchand (*voyez* la partie commerciale), et partant pour l'étranger, donne à sa femme E une procuration générale; lorsqu'il a acheté de V la maison et le fonds, il l'a fait par l'entremise de son fils B, à qui il avait donné un mandat spécial. Appliquez à ces deux exemples le titre du mandat.

Cautionnement. Lorsque A a acheté de V, celui-ci a demandé le cautionnement de E et de C, pour assurer le paiement du prix; V demandant ce prix à A, celui-ci exige une caution à cause du trouble dont il est menacé de la part de R (Code civil 1653), et V donne son fils pour caution. Appliquez à ces deux exemples de cautionnement volontaire et forcé, le titre du cautionnement.

Transaction. T, cessionnaire de R, ayant exercé ou étant sur le point d'exercer l'action en revendication, A traite avec lui et conserve le fonds moyennant certains sacrifices. Appliquez le titre des transactions.

Contrainte par corps. Si A en hypothéquant ses biens à V pour sûreté du prix, avait aussi hypothéqué sciemment un des fonds de sa femme; si V vendant le fonds de R avait su qu'il vendait la chose d'autrui; si A-V ne restituait pas à A les effets déposés par lui chez A-V; si le receveur des consignations ne restituait pas les deniers qui lui auraient été consignés par A pour sa libération;

si A, condamné à désemparer le fonds en faveur de R ou de T, refusait; si C fermier ou colon ne représentait pas le bétail, charrue, semence, à lui confiés, il serait contraignable par corps. Appliquez à ces exemples le titre de la contrainte par corps en matière civile.

Nantissement. Si, pour mieux assurer son paiement, V avait demandé un nantissement, on supposera, en prenant pour exemple un objet visible sur le tableau, que A lui a donné le cheval en gage; qu'il lui a aussi donné en gage sa créance sur C, objet mobilier incorporel; qu'il lui a donné en antichrèse le moulin à eau, et on pourra appliquer à ces exemples le titre du nantissement.

Priviléges *et* hypothèques. V, ayant vendu des immeubles à A, a privilége sur ces immeubles pour sûreté du prix. S'il a pris le cheval en gage, il a privilége sur cet objet mobilier.

A ayant soumis spécialement chacun de ses biens-immeubles au paiement de sa dette, V a une hypothèque conventionnelle sur ces immeubles; si V a pris jugement contre A, il a une hypothèque judiciaire; E a une hypothèque légale sur les immeubles de son mari; D a aussi une hypothèque légale sur ceux de E, sa tutrice légitime après la mort de A.

Appliquez à ces exemples le titre des priviléges et hypothèques.

Prescription. Si A jouissait durant trente ans *animo Domini* de l'île qui est dans le fleuve; pendant dix ou vingt ans du fonds de R, et qu'il a acquis de V, il deviendrait propriétaire par prescription; si V restait trente ans sans réclamer le prix de la vente; si A restait trente ans sans passer par le fonds de R, cinq ans sans réclamer les arrérages à lui dus par C, pour fermage, ou les arrérages de la pension à lui dus par ses père et mère, la libération de A à l'égard de V, l'extinction de la servitude à l'égard de A, la libération de C et de X. Y quant aux arrérages, seraient acquises par prescription; appliquez à ces exemples le titre de la prescription.

Quasi-contrats. Exemple : si B pendant l'absence de A, avait pris sur lui de faire démolir et réparer la maison, parce que l'état de la maison lui paraissait exiger cette opération.

Si V ayant été satisfait par A, il recevait une seconde fois son paiement, parce que A aurait égaré la première quittance qu'il retrouve ensuite, ou si les héritiers de V, ayant le titre entre les mains recevaient par erreur une seconde fois des héritiers de A, qui ignoraient le premier paiement.

Si A s'étant rendu acquéreur, avait depuis résilié le contrat de vente, et que, nonobstant cette résiliation ignorée des enfans de V, il reçût d'eux le fonds vendu.

Il y aurait quasi-contrat dans tous ces cas. Appliquez les articles 1370, 1371 et suivans.

Délits et quasi-délits. Il y a délit quand le fait qui cause le dommage est accompagné de la volonté de nuire, par exemple, si V volait le cheval de A ou coupât les arbres de son bois.

Il y a quasi-délit quand le fait n'est pas accompagné de la volonté de nuire, et que le dommage est le résultat de la négligence, ou de l'imprudence, ou du défaut de surveillance de la part du quasi-délinquant. La négligence consiste à ne pas faire ce qui peut éviter le dommage; l'imprudence consiste à faire ce qui peut le causer. Par exemple:

A faisant démolir sa maison ou réparer le toit, on jette les pierres ou les tuiles sur la voie publique, ou elles y tombent d'elles-mêmes. Le fait est légitime en lui-même et n'est ni un délit ni un quasi-délit; mais il y a quasi-délit par imprudence si on jette les pierres ou tuiles sans s'assurer auparavant que leur chute ne causera pas du dommage à autrui, par négligence, si on ne met pas de jour un signe, et de nuit un éclairage qui avertissent les passans du danger. S'il arrive un accident, il y a quasi-délit.

Le défaut de surveillance porte sur les personnes et sur les choses animées ou inanimées qu'on a sous sa dépendance; par exemple : si les enfans de A volaient des fruits dans le jardin de V; si A ou les siens laissaient involontairement aller les bœufs dans la terre ensemencée de R; si la cheminée du bâtiment de V tombait par vice de construction ou défaut de réparation, sur le bâtiment de A, et y causait du dommage, il y aurait quasi-délit de la part de A et de V.

Position des personnes ou des choses. Enfin, on est tenu d'accepter une tutelle sauf les cas de dispense expliqués par la loi; on est tenu de se conformer aux lois du voisinage expliquées au titre des servitudes; on est tenu de partager quand il y a indivision. Appliquez à la tutelle de D, au voisinage de A avec V et R, à l'indivision entre A et V, entre les enfans de A et leur mère, entre les enfans de A respectivement comme héritiers de leur père.

CHAPITRE IV.

Application aux actions commerciales.

Ici les personnes que nous avons considérées jusqu'à présent sous le rapport civil, seront considérées sous le rapport commercial, abstraction faite de leurs qualités civiles.

On parlera, dans une première section, du commerce de terre; dans une seconde, du commerce maritime; et dans une troisième, des faillites.

SECTION PREMIÈRE.

Commerce de terre.

Commerçans. V est un manufacturier; il fait sa profession habituelle d'acheter des matières premières et de les revendre après les avoir travaillées. A fait sa profession habituelle d'acheter et de revendre des marchandises. Ainsi V et A sont commerçans. Les marchandises sont représentées par la caisse ou colis que l'on voit près du port, à l'angle sud-ouest du Tableau.

Livres de commerce. Les livres de A sont représentés par les traits que l'on voit près de lui sur la ligne A E. Les quatre premiers représentent le journal, le copie de lettres, la liasse des lettres reçues, le livre des inventaires. Les quatre traits suivans, au-delà du point, représentent les principaux livres en usage, mais non obligés, tels que le brouillard, le livre des traits et remises, le livre de caisse, le grand-livre.

Sociétés. A et B s'associent pour faire ensemble le commerce, c'est-à-dire, acheter et vendre, à moitié profit et perte, sous la raison sociale A-B. C'est là la société en nom collectif.

C leur fournit des fonds sous la condition qu'il aura ou supportera une part proportionnelle dans les profits et les pertes; voilà la société en commandite. C est l'associé commanditaire, et la raison sociale devient A-B et compagnie.

L'exploitation de la mine que l'on voit dans la deuxième case de la première colonne de la section A, exige des fonds considérables que A ne peut fournir. B. C. D. E. F. G. H. I. J. fournissent chacun une somme égale, pour laquelle ils acquièrent une action dans l'exploitation. K et L fournissent chacun une moitié de cette somme, pour laquelle moitié ils acquièrent un coupon d'action. Tous ces individus et A s'associent, forment ensemble une compagnie sous l'autorisation du gouvernement, et exploitent la mine; aucun d'eux n'est en nom dans l'administration; ils prennent la dénomination de compagnie des mines du sud, et sont représentés par un gérant A. Voilà la société anonyme.

Appliquez à ces trois exemples le titre des sociétés commerciales.

Séparation de biens. Appliquez ce titre à A et à E, mari et femme.

Bourse de commerce, Agens de change et Courtiers.

V-S est un agent de change (*Voy.* Lettre de change). V-U, un courtier de marchandises (*Voy.* Achats et ventes). V-T, un courtier de transport (*Voy.* Voiturier et commissionnaire). U, un commissionnaire de transport. T, un voiturier par terre ou par eau. S, un commissionnaire d'achats et ventes. R, un banquier (*Voy.* Lettre de change). La réunion de tous ces individus dans une même enceinte forme la bourse de commerce.

Nota. On parlera du courtier d'assurance et du courtier interprète et conducteur de navire dans la deuxième section du présent chapitre.

Commissionnaires et Voituriers. On supposera que c'est par l'entremise de S que A fait ses achats chez V et qu'il vend lui-même ses marchandises dans la division du nord; que c'est U qui se charge de faire parvenir des marchandises à A; que c'est T qui est chargé du transport par terre et par eau. Alors appliquez ce qui est dit des commissionnaires et voituriers.

On suppose que V-T a été employé comme agent intermédiaire pour la négociation du transport; appliquez ce qui est dit du courtier de transport.

Achats et Ventes. On suppose que V-U a été employé comme agent intertermédiaire pour la négociation des achats faits par A ou pour lui par S chez V; appliquez ce qui est dit du courtier de marchandises.

Quant à V et A relativement à ces achats et ventes, appliquez ce qui est dit sur cette matière. La facture est censée comprise dans la liasse des lettres reçues, et se trouve représentée au plan par le trait qui indique cette liasse.

Lettre de change. Billet à ordre. Quand A achète par l'entremise de S qui agit en son nom propre, A n'a affaire qu'avec S, et V ne connaît que S. A lui est étranger; mais quand A achète lui-même, ou quand S n'achète pour

A qu'au nom de A et comme ayant charge et pouvoir de A, celui-ci est obligé directement envers V, attendu que S n'est qu'un simple mandataire. On supposera qu'en ce dernier cas R, banquier, paye habituellement pour A, qui est en compte courant avec lui.

Mais si on suppose que A, qui achète à terme, ne paye pas comptant moyennant l'escompte, qu'il ne paie que par un réglement ou sur lettre de change, on fera aussi les suppositions suivantes:

A l'égard de la lettre de change, V tire sur A et le fait à son propre ordre, il remet cette traite à l'agent de change V-S, qui la négocie à U (appliquez ce qui est dit de l'agent de change) puis à T pour le compte de U, puis à S pour celui de T, puis à R pour celui de S. R la fait présenter à A avant l'échéance pour l'acceptation, et à l'échéance pour le paiement. S'il n'y a pas acceptation ou paiement, R exerce son recours ou collectivement contre le tireur et les endosseurs, ou individuellement contre l'un d'eux, et fait retraite sur lui. On doit remarquer que les traits qui unissent R. S. T. U. V. expriment parfaitement à l'œil le recours collectif ou individuel du tireur, celui des endosseurs, et la solidarité.

Si A a réglé en un billet à l'ordre de V, on supposera que celui-ci a négocié ou fait négocier cet effet de la même manière que la lettre de change, et les effets de la négociation sont les mêmes que pour la lettre de change.

On peut supposer que A-V est donneur d'aval sur la lettre de change; que B est donneur d'aval sur le billet à ordre; que A-V se rend caution du paiement en cas de non acceptation de la lettre de change; que C intervient soit au protêt faute d'acceptation, soit au protêt faute de paiement pour l'honneur de la signature du tireur, du souscripteur ou de l'un des endosseurs.

Au moyen de ces exemples, on peut appliquer tout ce qui est dit sur la lettre de change, le billet à ordre et la prescription.

SECTION DEUXIÈME.

Commerce maritime.

A, marchand, est en même temps armateur; il est propriétaire du navire qu'il a acheté de Y; il transporte pour lui-même et se charge du transport pour autrui, des marchandises destinées au pays d'outre-mer. B est le capitaine, A-C est le matelot; C fait profession d'assurer, D de prêter à la grosse; E représente l'individu, étranger ou français, qui contracte ou avec A, ou avec B, ou avec C, ou avec D; E-C est courtier d'assurance, E-B, courtier interprète et conducteur (*loueur*) de navires; la marchandise est représentée par le colis; le point près du colis représente le préposé à l'inscription maritime.

V, manufacturier, envoie des marchandises dans les pays d'outre-mer. Il faut qu'il traite avec l'armateur ou avec le capitaine : alors V égale E, ou est représentée par E. La négociation se fait par l'intermédiaire de E-B (appliquez ce qui est relatif au courtier interprète et conducteur de navires); A devient *fréteur*, et E *affréteur*. Le *frét* est le prix du loyer du navire. E, considéré comme propriétaire de la marchandise, prend le nom de *chargeur*. La convention du louage du bâtiment prend le nom d'*affrétement* ou *nolissement*. L'acte qu'en dresse le courtier est la *charte partie*. La reconnaissance que le capitaine donne au chargeur, de la marchandise chargée, est le *connaissement*.

E veut faire assurer sa marchandise. A veut faire assurer son navire. C'est par l'intermédiaire de E-C (appliquez ce qui est relatif au courtier d'assurance), que ces négociations se font avec C. Celui-ci devient l'*assureur*, E ou A, l'*assuré*. La convention est le contrat d'*assurance*, et l'acte qu'en dresse E-C est la *police d'assurance*.

E ou A veulent emprunter à la grosse, E sur sa marchandise, A sur son navire, c'est D qui leur prête; D devient prêteur, et E ou A, emprunteurs à la grosse.

Ces élémens donnés suffisent pour faire entendre tout ce qui est relatif au commerce maritime.

SECTION TROISIÈME.

Faillite.

A fait faillite, c'est-à-dire, cesse ses paiemens; il dépose son bilan; ses biens sont ceux désignés au plan; ses débiteurs, pour diverses causes, sont L. K. I. J. H. G. F.; ses créanciers, pour diverses causes, sont Y. X. V. U. T. S. R. Q. P. O.

N. M.; il porte aussi, comme créanciers, E, sa femme, B. C. D., ses enfans.

Le tribunal de commerce nomme commissaire à la faillite l'un des juges, (par exemple : celui à droite dans la figure qui représente le tribunal de commerce), un agent pris parmi les créanciers portés au bilan (par exemple, V). Celui-ci et le commissaire convoquent les créanciers portés au bilan; ceux-ci dressent une liste de six personnes comme candidats au syndicat provisoire. Le tribunal nomme V et U; ces derniers invitent les créanciers à produire leurs titres de créance, à les faire vérifier et à les affirmer, font vendre les objets sujets à dépérissement, recouvrent les dettes actives à terme, font les actes conservatoires nécessaires. Les créanciers admis au passif de la faillite sont de nouveau convoqués ainsi que le failli. Les syndics provisoires rendent compte de la situation active et passive de la faillite. Les créanciers traitent avec le failli s'il y a lieu, et ce traité se nomme *concordat* ; ou bien ils s'unissent par un acte qui se nomme *contrat d'union* , et nomment des syndics définitifs (par exemple, V et U). Ces syndics réalisent tout l'actif du failli, et font la répartition des deniers mobiliers, ou provoquent celle des deniers immobiliers.

S'il y a perte, et qu'ensuite A, recouvrant de la fortune ou empruntant, solde ses créanciers, il est admis à la réhabilitation.

Nous ne parlerons pas de la banqueroute simple ou frauduleuse, parce qu'elle appartient à la justice distributive. Nous dirons seulement que si la faillite a ce caractère, le concordat n'est pas possible.

Au moyen de cette analyse et des élémens donnés, on peut facilement appliquer ce qui est dit de la faillite au code de commerce.

CHAPITRE V.

Application aux actions judiciaires.

Ce chapitre sera divisé en trois sections; la première concernant l'obtention des jugemens; la seconde, la réformation, cassation et rétractation des jugemens; et la troisième, l'exécution des jugemens.

SECTION PREMIÈRE.

Obtention des jugemens.

Justice de paix. A demande en justice à C le remboursement de cent francs qu'il lui a prêtés. Cette action est pure personnelle parce qu'elle résulte purement d'une obligation personnelle de C.

A se plaint de ce que R ou son mari V a déplacé les bornes qui limitaient la vigne de A et la terre de R; cette action exercée dans l'année du déplacement est possessoire.

Des témoins peuvent figurer dans la première affaire, des témoins et des experts peuvent figurer dans la seconde; elles sont, l'une et l'aure, susceptibles d'appel devant le tribunal de première instance.

Avec ces deux exemples et les figures placées au tableau, on peut appliquer tout ce qui est dit du juge de paix considéré comme juge.

Tribunal de première instance. V, qui n'a qu'un titre sous seing-privé pour la vente de la maison et du fonds, veut demander en justice à A le paiement du prix. Cette demande excédant 100 francs, n'est pas de la compétence du juge de paix, ni de celle du tribunal de commerce parce qu'elle n'est pas fondée sur un acte de commerce; elle est donc de la compétence du tribunal de première instance; elle est pure personnelle parce qu'elle résulte purement d'une obligation personnelle de A.

Si A voulait demander à V la livraison du fonds vendu, cette action en tant qu'elle a pour objet un immeuble certain, devenu la propriété de A par la seule force du contrat, et dont dès-lors V n'est plus que le simple détenteur, est réelle; elle est aussi personnelle, parce qu'elle s'exerce contre une personne qui s'est formellement obligée à la tradition demandée; enfin, elle est mixte, parce qu'elle participe du réel et du personnel.

R. revendiquant ce fonds entre les mains de A, exerce une action purement réelle, parce que cette action ne résulte que d'un droit de propriété acquis sur la chose, sans qu'il y ait eu de la part de A, aucune obligation personnelle de livrer ce fonds.

Avec ces trois exemples on peut appliquer les principales règles de la procédure, et en effet:

1°. Il y a lieu au préliminaire de la conciliation, à l'ajournement, aux constitutions d'avoué et défenses, à la communication au ministère public si A est mort et qu'il laisse un enfant mineur; à l'audience publique, à un délibéré si le tribunal trouve les questions de fait ou de droit susceptibles d'un mûr examen; à une instruction par écrit si des faits nombreux et compliqués ne peuvent être saisis par les juges d'après une simple discussion orale; enfin à un jugement.

2°. Le défendeur peut n'avoir pas constitué avoué, l'une des parties, ou son avoué peut ne pas se présenter le jour de l'audience; alors le jugement est rendu par défaut, et il peut y être formé opposition par le défaillant.

3°. Le défendeur produisant ses moyens, ces moyens peuvent s'appliquer d'abord au tribunal même, s'il n'est pas compétent à raison du domicile ou de la matière, ensuite, s'il est compétent, sur l'irrégularité de la procédure; puis, si la procédure est régulière, sur la nécessité de suspendre la discussion au fond, par exemple : si c'est la veuve et les enfans de A qui sont défendeurs et encore dans le délai pour prendre qualité, ou s'il y a un garant à appeler comme dans la demande en revendication où V est garant.

4°. La cause étant arrivée au point de la discussion du fond, le défendeur examine les prétentions de son adversaire, elles sont fondées ou sur des titres, ou sur des faits, ou sur un état de choses. L'acte sous seing-privé donne lieu à la communication de pièces; à la vérification d'écriture, si le défendeur prétend que la signature qu'on lui attribue n'est pas la sienne, mais celle d'un autre portant le même nom; au faux incident civil si le demandeur persiste à la lui attribuer, parce qu'alors le défendeur soutient que si ce n'est pas la signature réelle d'un autre, la sienne a été contrefaite.

Si A oppose la prescription à la demande de R, il y a lieu à enquête et contre-enquête sur le fait de la possession.

Si A prétend que V a, par son fait, en pratiquant dans la clôture du fonds joignant la voie publique, une ouverture par où les eaux se seraient introduites dans le fonds et y auraient causé du dommage, et que V prétende que cette invasion des eaux est l'effet de la disposition naturelle des lieux, cette contestation peut donner lieu à une descente du juge et à un rapport d'experts; de plus, si la confection de l'ouverture n'est pas avouée ni prouvée suffisamment, A, pour obtenir l'aveu de V, pourra le faire interroger sur faits et articles.

5°. Des demandes nouvelles, connexes avec la demande principale, peuvent survenir pendant la contestation; par exemple, si R apprend que A a fait, récemment et depuis l'instance ouverte, l'ouverture et causé le dommage dont on vient de parler, elle demande incidemment les dommages-intérêts qui lui en résultent; si V n'a pas été appelé en garantie et qu'il ait des moyens, résultans par exemple d'une clause d'ameublissement insérée en son contrat de mariage avec R, à opposer à la revendication qu'elle exerce, il peut intervenir, parce qu'il a intérêt à faire proscrire une prétention dont les effets retomberaient sur lui, à cause de sa qualité de garat.

6°. Dans toute procédure peuvent se rencontrer une ou plusieurs des circonstances ci-après, concernant les parties, leurs avoués, le tribunal, un ou plusieurs des juges, la procédure elle-même; par exemple : si on suppose que l'une des parties ou son avoué meurt, il y a lieu à la reprise d'instance ou constitution de nouvel avoué; que l'avoué de A, sans le consentement écrit de celui-ci, fait offre de payer à A ou de rendre le fonds à R, c'est le cas du désaveu; que A a fait citer V devant le juge de la division nord, pour être condamné à livrer le fonds et à recevoir le prix, et que V a fait citer, à la même fin, A devant le juge de la division du sud, et cela le même jour, c'est le cas du réglement de juges; que deux des juges sont parens ou alliés de l'une des parties au degré fixé par la loi, c'est le cas du renvoi à un autre tribunal; que l'un seulement des juges est parent ou allié, c'est le cas de la récusation; que la procédure a été discontinuée pendant trois ans, c'est le cas de la péremption; enfin, que l'une des parties abandonne sa prétention, c'est le cas du désistement

Tels sont les principaux élémens d'une procédure ordinaire; mais il est certaines causes dont la procédure a été, à cause de leur objet, simplifiée par le législateur, et que l'on nomme sommaires, par exemple : si le titre de V qui demande le paiement de 12,000 francs, n'était pas contesté par A, la demande de V serait une matière sommaire.

Tribunal de commerce. Si on suppose que la lettre de change de V sur A, ou le billet de A à l'ordre de V, ont été protestés; que V n'a pas livré à A des marchandises qu'il lui a vendues, ou que A n'en paye pas le prix; que V ne paie pas le fret pour les marchandises transportées pour lui au pays d'outremer sur le navire de A; voilà des exemples pour la procédure devant le tribunal de commerce.

SECTION DEUXIÈME.

Réformation, cassation et rétractation des jugemens.

Appel. C'est le tribunal civil qui réforme ou confirme les jugemens en premier ressort du juge de paix. Appliquez à la demande de A et en premier ressort contre C, elle est matière sommaire. C'est la cour royale qui réforme ou confirme les jugemens des tribunaux de première instance et de commerce. Appliquez aux exemples donnés pour ces tribunaux.

Cassation. C'est la cour de cassation qui connaît des jugemens en dernier ressort du juge de paix, des tribunaux civil et de commerce, et des décisions rendues sur appel par le tribunal civil ou la cour royale. Elle ne juge pas les questions de fait, mais elle examine s'il y a eu ou non violation ou fausse application de la loi. En cas de négative, elle rejette le pourvoi; en cas d'affirmative, elle casse et renvoie l'affaire devant un autre tribunal ou cour qu'elle désigne. Appliquez aux exemples donnés.

Voies extraordinaires ou Rétractation. R instruite du jugement qui ordonne la livraison du fonds par V à A, peut l'attaquer par tierce-opposition et action principale; mais si, en plaidant avec A sur la révendication, A lui oppose le jugement rendu contre V, elle y forme tierce-opposition incidemment.

Si, la demande de V contre A ne portant que 12,000 francs en principal, le jugement porte 13,000 francs, A peut attaquer ce jugement par requête civile.

Si l'un des juges s'est fait donner par V une somme d'argent pour lui donner sa voix, A pourra prendre ce juge à partie pour cause de fraude, et faire rétracter le jugement auquel ce juge a concouru.

Nota. Les jugemens arbitraux embrassent nécessairement des contestations qui sont de la compétence ou du juge-de-paix, ou du tribunal de commerce, ou du tribunal de première instance. Ils sont en conséquence soumis aux mêmes règles, à moins que le compromis n'y déroge.

SECTION TROISIÈME.

Exécution des Jugemens.

Réception de caution. A ne paie pas le prix de son acquisition, sous le prétexte qu'il craint une éviction de la part de R. Il est condamné à payer en par V fournissant caution (c. c. 1653). V présente T, son fils, pour caution.

Dommages-Intérêts. R a obtenu des dommages-intérêts pour dégradations survenues au fonds par le fait de A.

Fruits et Levées. R a obtenu la restitution des fruits perçus par A, depuis que la bonne foi de A a cessé.

Reddition de compte. D, devenu majeur, demande à sa tutrice légitime E, le compte de la gestion qu'elle a eue de ses biens.

Saisie-Arrêt. V ayant fourni caution et n'étant par satisfait par A, exerce contre lui les contraintes ci-après :

Il fait saisir entre les mains de C, fermier de A, le prix du fermage et les deniers prêtés ; de plus, le dépôt fait chez le notaire.

Saisie-Exécution. Il fait saisir et vendre le mobilier existant au domicile de A.

Saisie-Brandon. C n'étant que colon partiaire, V fait saisir et vendre la part de A dans les récoltes en blé, vendange, etc.

Rente constituée. Il fait saisir la rente de 600 francs constituée par X, et Y à A.

Contribution. Il s'agit de distribuer les deniers provenant de ces contraintes. A est supposé avoir d'autres créanciers que V pour diverses causes, tels que Q. P. O. N. M. L ; ces créanciers ont aussi fait saisir ou formé des oppositions.

Saisie immobilière. V fait saisir et vendre tous les immeubles de A, même ceux que V lui a vendus. Si dans ces poursuites on comprend des fonds de E, celle-ci en demande la distraction.

Ordre. Il s'agit de distribuer le prix de ces immeubles. V reçoit par privilége, à raison des fonds vendus, la part proportionnelle de ces fonds dans le prix total, ce qui nécessite une ventilation préalable. Il vient, selon le rang de son inscription, sur le reste du prix. On suppose d'autres créanciers hypothécaires, tels que Q. P. O. N. M. L.

Emprisonnement. Si V a fait déclarer A stellionataire, il le fait emprisonner.

On bornera ici les exemples pour la procédure; ceux qui viennent d'être donnés pour l'exécution des jugemens suffisent pour l'application de la plupart des règles relatives à cette exécution.

CHAPITRE VI *et dernier.*

Application aux Actes.

L'écrit figuré sur la table au domicile de A représente toutes sortes d'écrits : l'acte sous seing privé si on le rapporte à A ou à V; notarié si on le rapporte au notaire; judiciaire si on le rapporte à l'huissier, à l'avoué, au juge, au greffier, etc.

La rédaction des actes simulés est le complément de l'étude, parce que c'est la mise en pratique et qu'elle exige l'analyse. Le Tableau est d'une grande utilité pour cela, parce qu'il présente tous les élémens de la pensée, et conséquemment devient l'analyse même de la pensée; mais la rédaction des actes est, dans la pratique, soumise à certaines formules dont on ne s'écarte guère sans danger. Il convient donc que l'étudiant se conforme à ces formules, et que pour bien les connaître il en fasse l'analyse. Cette opération est des plus faciles s'il se sert du Tableau; par exemple :

S'il s'agit d'un exploit d'ajournement, on prendra, pour terme de comparaison, la demande formée par A à V en délivrance du fonds, et alors on remarquera que la formule ordinaire des exploits d'ajournement, 1°. porte la date; 2°. parle du demandeur; 3°. de l'avoué constitué ; 4°. de l'huissier; 5°. du défendeur; 6°. du tribunal qui doit connaître de la demande; 7°. du jour ou délai de la comparution; 8°. de l'objet de la contestation et des moyens; 9°. enfin de la copie laissée. En faisant la comparaison de la formule et du Tableau, les yeux se porteront, 1°. sur l'échelle des jours; 2°. sur A; 3°. sur l'un des avoués; 4°. sur l'huissier; 5°. sur V; 6°. sur le tribunal;

7°. encore sur l'échelle des jours; 8°. sur le fonds litigieux; 9°. enfin sur l'écrit figuré. Il est clair que ces divers élémens, pris dans cet ordre, présentent l'analyse de la formule.

Il en est de même de tous les autres actes selon leur nature.

Mode d'application générale.

Un auteur ou un professeur traitant de la vente, dit : *Pierre vend à Paul un fonds de terre moyennant tel prix;* ce ne sont là que des mots, puisque vous ne connaissez ni Pierre, ni Paul, ni le fonds; mais l'exemple devient sensible, si vous traduisez Pierre par V, Paul par A; si vous portez les yeux sur le fonds vendu par V et sur les espèces qui représentent le prix; et dès ce moment vous concevrez parfaitement tout ce que dira l'auteur ou le professeur sur le cas posé. Si on parle de loyer, de fermage, appliquez à A et à C, ainsi des autres.

De même si, dans la pratique, une affaire vous paraît compliquée par le nombre des personnas ou par celui des choses et des actions, rapportez le tout au Tableau, tous vos élémens deviecdront fixes, simples, seront réunis sous vos yeux, et votre esprit pourra plus aisément opérer.

CONCLUSION.

On voit, par ce qui précède, que la fixité des idées est l'objet dominant du Tableau. Ce Tableau, d'abord muet, reçoit la vie et le mouvement par l'étude et l'application qu'on en fait. Il devient l'image abrégée de la société civile. Il n'est pas une partie qui n'ait une valeur, une signification, et qui ne soit liée avec les autres; et toutes ont été disposées de manière à seconder l'imagination et la mémoire.

DE L'IMPRIMERIE DE DAVID, RUE POT-DE-FER, N° 14.

www.ingramcontent.com/pod-product-compliance
Ingram Content Group UK Ltd.
Pitfield, Milton Keynes, MK11 3LW, UK
UKHW022150170726
13837UKWH00004B/1901

9 782329 595528